Der Computer

Stefanie und Jens Brennholt

An diesem Computer-Heft … 2

Denkste! 3

Wer hilft mir beim Rechnen? 4

Und wer rechnet für mich? 5

Die ersten Computer 6

„Computerisch“ 8

Computer erobern die Welt 9

Ein Blick in den Computer 10

Was alles zum Computer gehört 12

Das mache ich mit meinem Computer 14

Pixel, Pixel, Pixel 17

Überall Computer 18

Zwei Computer oder mehr 19

Was ist denn das im Internet? 20

Der dumme Schlaumeier 22

Was sagst du dazu? 23

Lösungen 24

In diesen Texten findest du Informationen zu Computer-Viren und dem Internet.

An diesem Computer-Heft ...

... haben auch viele Computer mitgearbeitet!

Hier siehst du, wie wir an unserem PC zu Hause die Texte für dieses Heft eingegeben haben. Wir haben im Internet gesurft und nach Informationen gesucht. Viele Ideen haben wir uns auch im Heinz Nixdorf MuseumsForum in Paderborn geholt, dem größten Computermuseum der Welt. Dort haben die Experten uns so manche spannende Computergeschichte erzählt.

Als die Texte für das Heft fertig waren, haben wir sie per E-Mail an den Verlag geschickt. Die Fotos und Zeichnungen hat eine Buch-Herstellerin mit dem Scanner in ihren Computer eingelesen. Aus den Texten und Bildern wurde dann eine komplette Datei für das Computer-Heft erstellt. Nachdem die Redakteurin letzte Änderungen eingearbeitet hatte, konnten die Daten zur Druckerei geschickt werden. Dort wurden Druckplatten erstellt.
Zum Schluss steuerten dann noch Computer-Chips die Druckmaschine.

Druckmaschine

Und nun hast du das Heft in der Hand!

Denkste!

Früher, ja da schrieb ein jeder
seine Briefe mit der Feder.
Dies geschah bei Kerzenlicht.
Die Computer gab's noch nicht.

Auch das Rechnen mit den Zahlen
machte damals viele Qualen.
Gegrübelt wurd' hinter der Stirn,
es gab ja kein Computer-Hirn.

Auch beim Suchen andrer Daten
hieß es damals lange warten.
„Die Adresse! Geh und such!"
– Kein Computer! – „Nimm' das Buch!"

Doch heute gibt's den Rechenknecht.
So ein Computer ist nicht schlecht.
Er hilft in allen Lebenslagen,
man muss ihn nur richtig fragen.

Er schreibt und rechnet und malt Bilder.
Doch manchmal piepst er wie ein Wilder.
„Fehler!", sagt er und man erkennt:
Computer sind doch nicht intelligent!

Der Computer kann nichts von allein.
Befehle tippt man selbst ihm ein.
Und so erkennt man mit Verdruss,
dass man noch selber denken muss.

Wer hilft mir beim Rechnen?

Schon immer waren das Rechnen und genaue Abzählen sehr wichtig für die Menschen. Zum Beispiel musste ein Hirte wissen, wie viele Schafe er hatte. Ein Händler musste ausrechnen, was ihm für die Ware bezahlt werden sollte. Die alten Baumeister mussten auch sehr gut rechnen können, um große Kirchen, Brücken oder auch die Pyramiden bauen zu können.

Und für sie alle war wichtig: Das Rechnen muss schnell, richtig und einfach gehen.

Also nahmen und erfanden die Menschen verschiedene Hilfsmittel, mit denen das Merken von Zahlen und auch das Rechnen besser klappte.

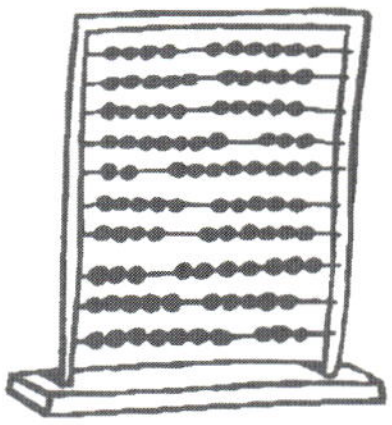

russische Rechenmaschine

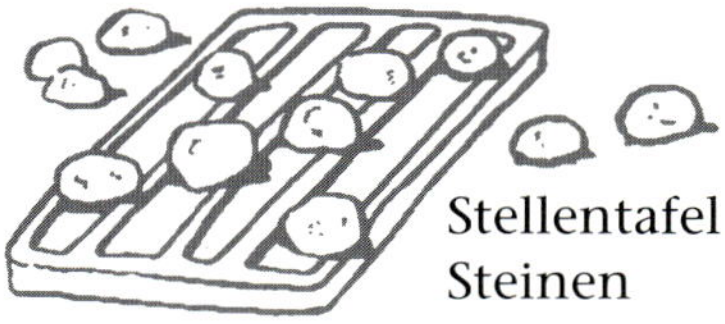

Stellentafel mit Steinen

Strichliste

Kerbholz

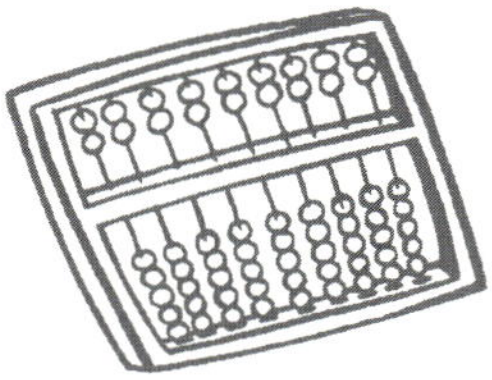

Abakus

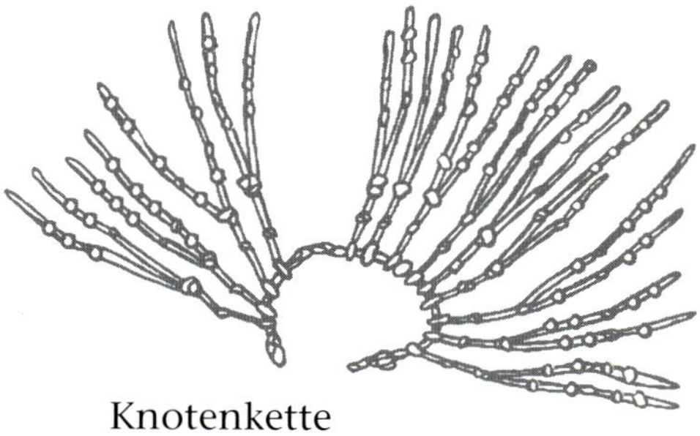

Knotenkette

Und wer rechnet für mich?

Vor etwa 400 Jahren …

… erfanden einige kluge Leute Rechenmaschinen, die selbst plus und minus rechnen konnten.

Wie das funktionierte?
Zum Beispiel mit vielen kleinen Zahnrädern. Zahlen wurden in der Maschine mit Schiebern oder Rädchen eingestellt, Zahnräder drehten sich und die Maschine zeigte dann das Ergebnis. Eine tolle Erleichterung – nun musste man nicht mehr selbst rechnen, sondern nur eine Kurbel drehen.
Diese Maschinen besaßen meist nur die Erfinder selbst. Manchmal bauten sie noch einige ihrer Maschinen für Freunde oder Leute, die dafür bezahlten.
Erst vor etwa 100 Jahren wurden Rechenmaschinen in größeren Mengen für Kaufleute hergestellt.

Wilhelm Schickard
(1598 – 1635)
Deutschland

Blaise Pascal
(1623–1662)
Frankreich

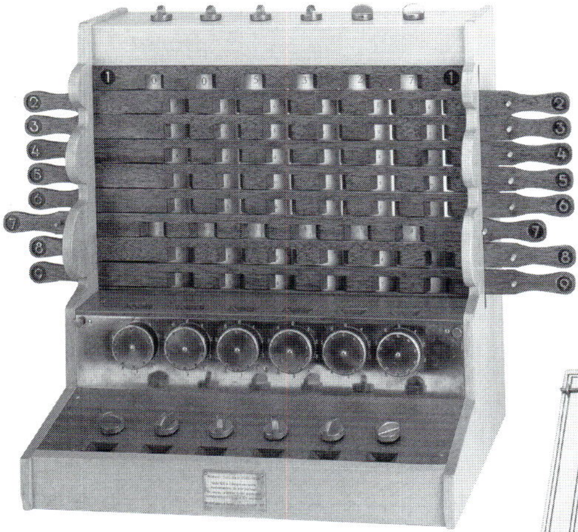

Rechenuhr
von Schickard
(1623)

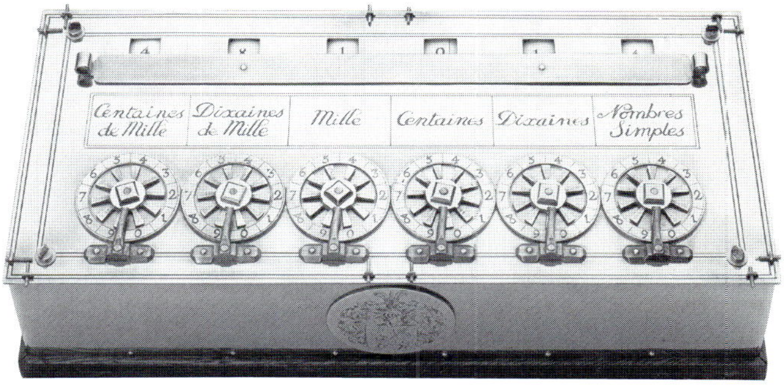

„Pascaline“
(1642)

Die ersten Computer

Schneller und besser wurden die Rechenmaschinen, als daran nicht mehr gekurbelt oder geschoben werden musste, sondern als sie mit Strom betrieben wurden.

„Z 3"

Im Jahr 1940 baute der deutsche Ingenieur Konrad Zuse seine mechanische Rechenmaschine so um, dass sie mit Strom funktionierte. Er nannte sie „Z3". Man könnte sagen, das war der erste Computer.

Auch in Amerika kam fast zur gleichen Zeit ein Erfinder auf ähnliche Ideen.
Sein Computer war so groß, dass er ein ganzes Zimmer ausgefüllt hat. Er wog so viel wie 7 Elefanten.

Weil zwei Leute gleichzeitig auf diese Idee kamen, kann man nicht sagen, dass es nur einen Erfinder des Computers gibt.

Wie konnten solche Maschinen mit Strom rechnen?
Dazu muss man Zahlen in eine Sprache „übersetzen", die die Rechenmaschine versteht. Und das ist eigentlich ganz einfach: Die Rechenmaschine kann schließlich genau unterscheiden, ob der Strom gerade angeschaltet oder ausgeschaltet ist. In der Maschine gibt es viele kleine Relais *(sprich: Reläs)*. Das sind elektrische Schalter, die entweder auf „an" oder auf „aus" stehen.

Um zum Beispiel die Zahlen von 0 bis 9 mit Schaltern darstellen zu können, braucht man vier Schalter.
Je nachdem, welcher von ihnen an oder aus ist, ist eine andere Zahl gemeint.

Schalter 1	Schalter 2	Schalter 3	Schalter 4	Zahl
aus	aus	aus	aus	0
aus	aus	aus	an	1
aus	aus	an	aus	2
aus	aus	an	an	3
aus	an	aus	aus	4
aus	an	aus	an	5
aus	an	an	aus	6
aus	an	an	an	7
an	aus	aus	aus	8
an	aus	aus	an	9

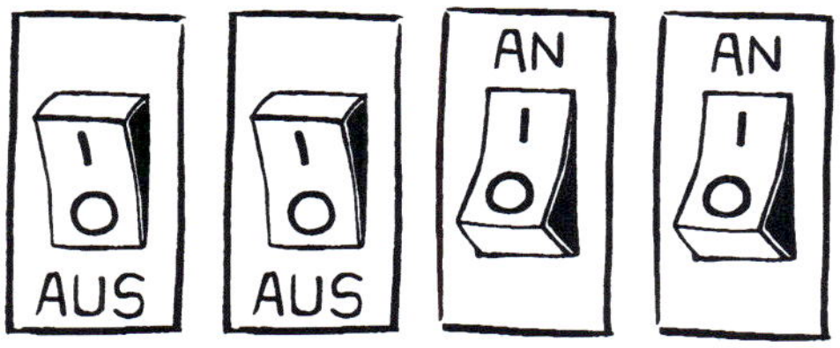

= 3

Die verschiedenen Stellungen eines Schalters (an oder aus) nennt man BIT. Acht solche Bits zusammen heißen BYTE *(sprich: Beit)*.
Mit diesen acht BIT oder einem BYTE kann der Computer 256 verschiedene An-Aus-Stellungen verstehen. So kann er alle Zeichen übersetzen, die er zum Rechnen und Arbeiten braucht – auch das ganze ABC. Deshalb können Computer auch „schreiben“.

8 BIT = 1 BYTE

„Computerisch“

A = 01000001
B = 01000010
C = 01000011
D = 01000100
E = 01000101
F = 01000110
G = 01000111
H = 01001000
I = 01001001
J = 01001010
K = 01001011
L = 01001100
M = 01001101
N = 01001110
O = 01001111
P = 01010000
Q = 01010001
R = 01010010
S = 01010011
T = 01010100
U = 01010101
V = 01010110
W = 01010111
X = 01011000
Y = 01011001
Z = 01011010

Weil es aber umständlich ist, für jede Zahl und für jeden Buchstaben immer die Schalter zu malen, macht man es sich einfacher:

1 = Schalter an, Strom fließt.

0 = Schalter aus, Strom fließt nicht.

- Welches Wort ist das? Übersetze einmal! Schreibe deine Lösung auf ein Extrablatt!

01000001 01001110 01001110 01000001

Hilfe S. 24

- Und welcher Name eines Erfinders ist hier aufgeschrieben?

01011010 01010101 01010011 01000101

Hilfe S. 24

- Kannst du auch deinen Namen „computerisch“ schreiben?

Diese Sprache aus Nullen und Einsen verstehen die Computer auf der ganzen Welt.
Sie heißt Binärcode.

Computer erobern die Welt

Der erste wirklich vollelektronische Computer war der ENIAC in den USA. Er war so groß wie ein Klassenzimmer und brauchte so viel Strom wie 2500 Glühlampen. (Heutige Computer brauchen so viel Strom wie etwa 4 Glühlampen.)

ENIAC (1943)

In der damaligen Zeit waren Computer wie der ENIAC so teuer, dass man für die Zukunft zu wissen glaubte:

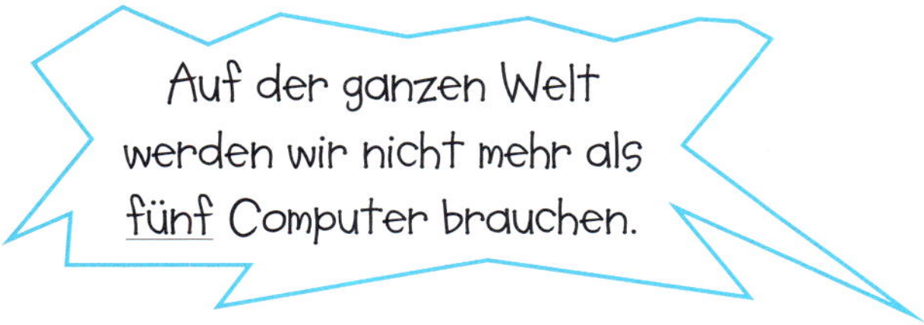

Wie heute jeder weiß, hat man sich mit dieser Vermutung ziemlich verschätzt!!!

Rasend schnell wurden nun immer kleinere, immer bessere, immer schnellere Computer gebaut. Die Computer wurden preiswerter, sodass sich heute sehr viele Menschen ihren eigenen, persönlichen Computer kaufen können – einen Personal-Computer = PC.
Sie stehen in fast jeder Firma, in vielen Schulen oder eben bei vielen Familien zu Hause. Es sind viele Millionen Computer auf der ganzen Welt. Und Computer können heute alle sehr viel mehr als der riesige ENIAC – sie sind billiger, leichter und rechnen superschnell.

Ein Blick in den Computer

In jedem Computer geht es darum, unterschiedliche Daten zu bearbeiten. Solche Daten können Zahlen, Buchstaben, Bilder oder Töne sein.
Der Computer hebt die Daten auf der Festplatte auf – er speichert sie.

Wenn er nun mit diesen Daten arbeiten soll, sucht er sie auf der Festplatte und übergibt sie an Computer-Chips.
Auf diesen Chips sind winzig kleine elektrische Leitungen und „Schalter" – genau die, die der Computer braucht, um mit dem Binärcode zu arbeiten.
Die Chips sehen unterschiedlich aus und haben auch verschiedene Aufgaben im Computer zu erledigen.

Die wichtigsten Computer-Chips sind der Prozessor und der Arbeitsspeicher – zusammen sind sie das „Gehirn" des Computers.

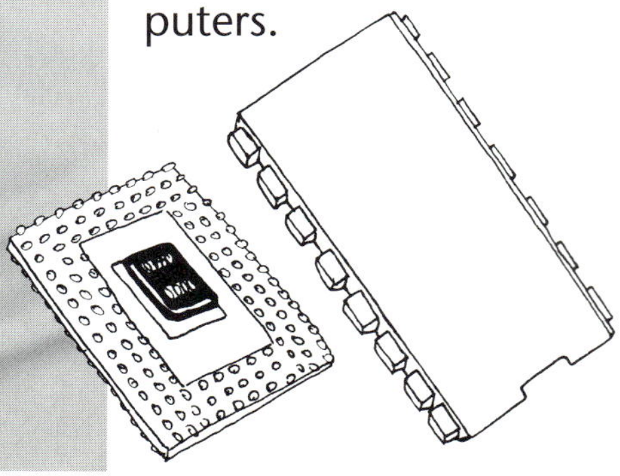

Wenn man mit dem Computer ganz neue Daten bearbeiten will, die noch nicht auf der Festplatte aufgezeichnet sind, kann man diese Daten eintippen oder aber auf einem Speichermedium mitbringen.

So ein Speichermedium ist zum Beispiel eine Diskette. Wie eine Musikkassette in den Kassettenrekorder wird die Diskette in das Diskettenlaufwerk geschoben. Dann kann der Computer sich die Informationen dort abholen.

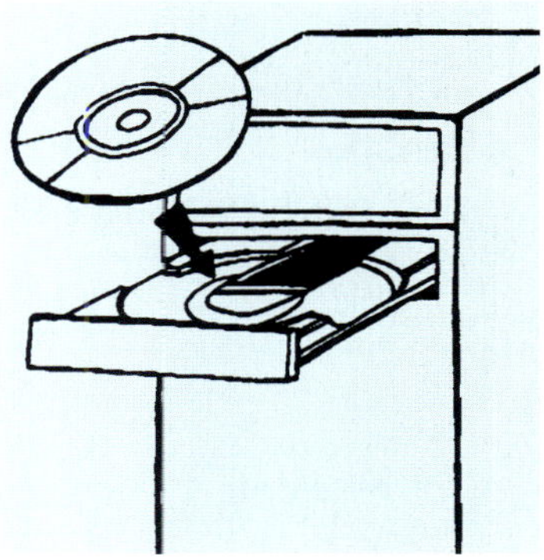

Noch viel mehr Daten kann man auf einer CD-ROM speichern. Für diese silberglänzenden Scheiben gibt es einen speziellen Eingang im Computer – das CD-ROM-Laufwerk.

Zusammengehörende Daten sind – wie in einem Ringbuch – gemeinsam in einer Datei gespeichert. Damit man die Dateien unterscheiden und wiederfinden kann, bekommen sie einen Namen – und zwar jede Datei einen anderen. „EINLADUNG.TXT" könnte der Dateiname für einen Text einer Geburtstagseinladung sein. Die Namen für die Dateien kann sich jeder Computer-Benutzer selbst ausdenken.

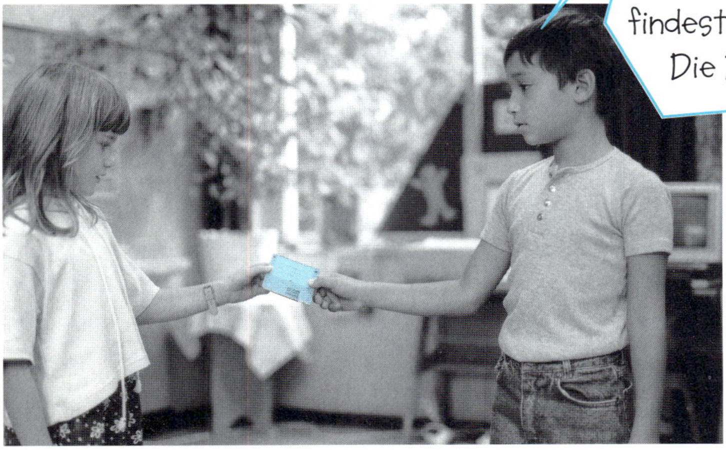

Was alles zum Computer gehört

Computergehäuse
In diesem Kasten steckt die ganze Elektronik, die ein Computer zum Funktionieren braucht.

Tastatur (Keyboard, *sprich: Kibort*)
Mit der Tastatur kann der Benutzer Zahlen, Buchstaben und andere Zeichen in den Computer eingeben und ihm sagen, was er tun soll.

Maus
Mit der Maus wird es noch einfacher, dem Computer Befehle zu geben. Durch das Bewegen der Maus bewegt sich gleichzeitig ein kleiner Pfeil auf dem Bildschirm. Ist der Pfeil an bestimmten Stellen auf dem Monitor, kann man durch Drücken (Klicken) auf eine der Maustasten zum Beispiel ein Programm starten oder etwas ausdrucken.

Steuerknüppel
(Joystick, *sprich: Dscheustik*)
Vor allem in Spielen lassen sich Gegenstände auf dem Bildschirm leichter mit dem Joystick bewegen.

Bildschirm (Monitor)
Wie bei einem Fernseher werden auf dem Bildschirm durch viele kleine Leuchtpunkte Texte oder Bilder angezeigt. Auf dem Bildschirm zeigt der Computer alles, was man braucht, um mit ihm arbeiten (oder spielen) zu können: was eingetippt wurde, welches Programm gerade läuft und anderes mehr.

Lautsprecherboxen
Wie bei einer Stereoanlage kann der Computer über die Lautsprecher Geräusche oder Musik hörbar machen.

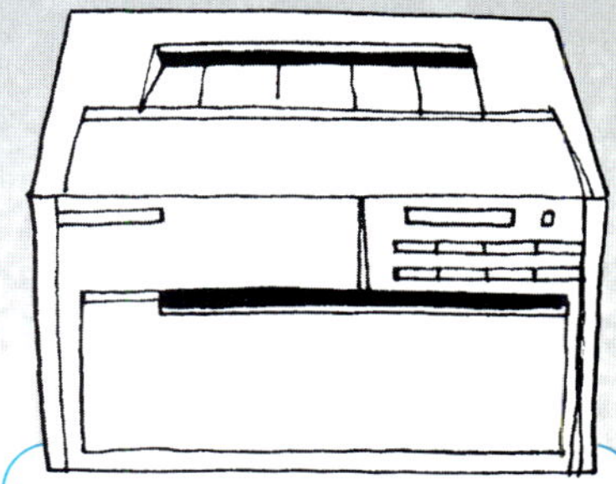

Drucker
Mit einem Drucker lassen sich mit dem Computer bearbeitete Texte oder Bilder auf Papier bringen.

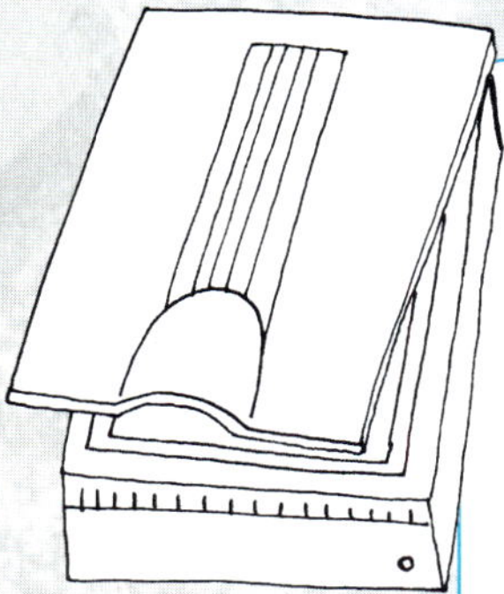

Scanner
(*sprich: Skänner*)
Mit dem Scanner kann man Fotos, Bilder, Zeichnungen oder auch Texte vom Papier in den Computer übertragen.

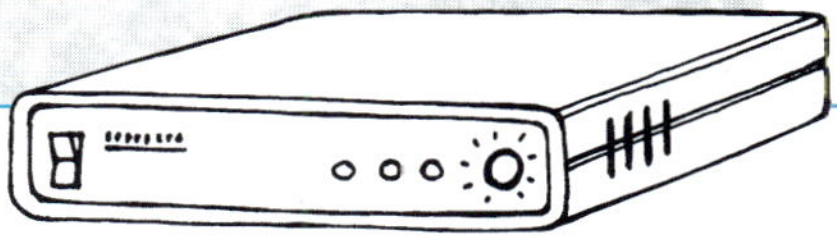

Modem
Das Modem dient dazu, über die Telefonleitung mit anderen Computern Informationen auszutauschen.

Das mache ich mit meinem Computer

Selbst wenn ein Computer-Arbeitsplatz mit allem ausgerüstet ist, was auf der vorherigen Seite zu sehen ist, kann man den Computer trotzdem noch nicht richtig benutzen. Bildschirm, Tastatur, Drucker – das alles nämlich ist nur Hardware (*sprich: Hartwer* = harte Gegenstände).
Was der Computer noch braucht, um richtig arbeiten zu können, ist Software (*sprich: Softwer* = weiche, veränderbare Ware). Software nennt man die vielen, vielen Programme, die dem Computer sagen, was genau er zu tun hat. Leute, die sich solche Programme ausdenken und sie fertig stellen, heißen Programmierer.
Ein neues Programm wird zum Beispiel auf einer CD-ROM in den Computer geschoben, und der speichert es sich dann auf seine Festplatte. Dazu sagt man: installieren.
Es gibt viele unterschiedliche Programme, die man zu unterschiedlichen Zwecken braucht.

Textverarbeitung Mit Textverarbeitungs-Programmen kann man Texte eintippen, die Wörter oder Sätze verändern – größer, kleiner oder bunt machen – und natürlich fertige Texte ausdrucken.

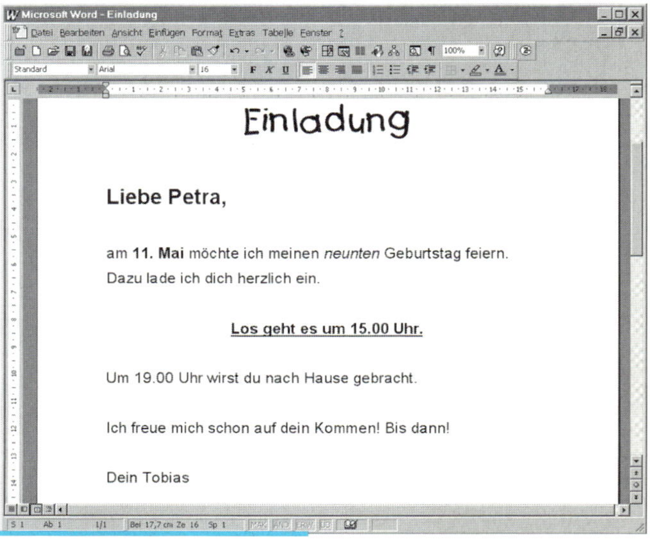

Lernsoftware Man kann auch mit dem Computer lernen. Es gibt unterschiedliche Lernsoftware, die Kindern hilft schneller zu rechnen, Wörter richtig zu schreiben, andere Sprachen zu lernen oder einfach interessante neue Dinge zu erfahren.

Datenbank In einer Datenbank lassen sich eine Menge Informationen sammeln, sortieren und aufbewahren. Sie ist wie ein Karteikasten im Computer. Er kann aber Informationen viel schneller heraussuchen, als ein Mensch einen Zettel in einem großen Stapel findet.

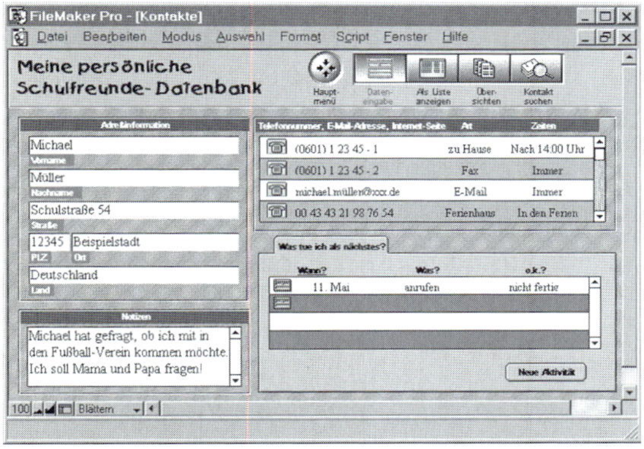

Bei der Polizei haben wir große Datenbanken, in denen wir Informationen über Verbrecher speichern.

Tabellenkalkulation Mit einem Programm zur Tabellenkalkulation (kalkulieren = rechnen) lassen sich Zahlen übersichtlich anordnen. Das Programm kann mit diesen Zahlen dann auch Rechnungen durchführen oder die Zahlen als Grafiken (Bilder) darstellen.

Ist noch Geld in der Klassenkasse?

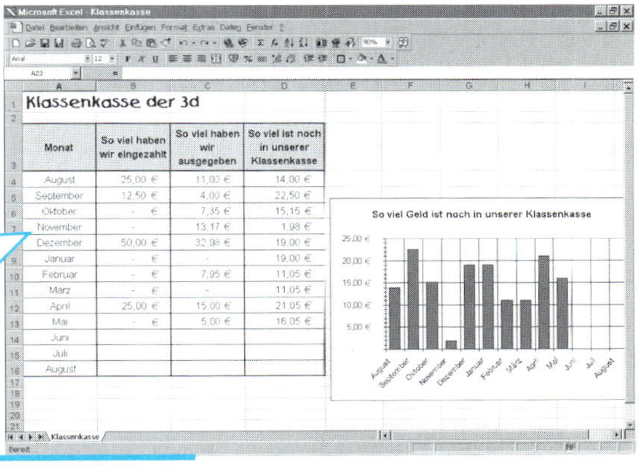

Bildbearbeitung Mit Bildbearbeitungs-Programmen können eingescannte oder selbst gemachte Bilder verändert werden. Dies geht sogar bei Filmen. So kann man Filme machen, in denen Dinge oder Tiere vorkommen, die es gar nicht gibt. Der Computer „mogelt" sie einfach in die Filmbilder hinein.

Na, der Philipp wird sich wundern, wenn ich dieses Bild herumzeige. Philipp mit Nicoles Zöpfen. Echt stark!

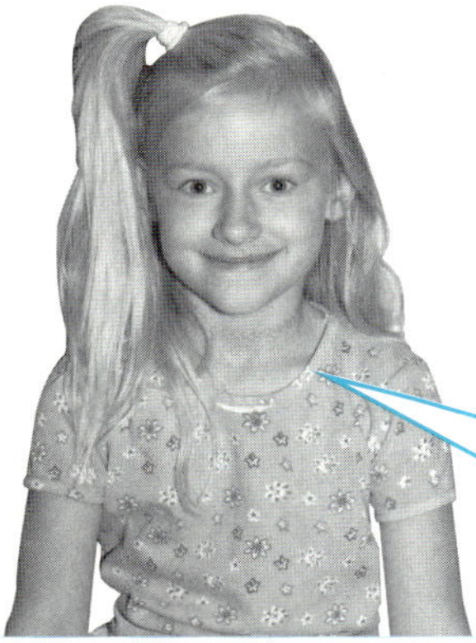

Und natürlich gibt es auch jede Menge Spiele für den Computer, die man allein oder auch mit anderen gemeinsam spielen kann.

All diese Programme sind hilfreich, gut und von ihren Programmierern nach den Wünschen der Benutzer ausgedacht. Die Benutzer kaufen sich die Programme, um damit zu arbeiten oder zu spielen.
Es gibt aber auch Programme, die sich heimlich auf einen Computer „einschleichen" können. Sie kommen über Disketten oder durch das Internet. Man nennt sie Viren (genauso wie die Krankheitserreger, die sich heimlich in deinen Körper einschleichen und dich krank machen).
Computer-Viren können den Computer „krank" machen:
Er funktioniert plötzlich nicht mehr so wie immer, zum Beispiel verrechnet er sich dauernd oder er vergisst gespeicherte Daten. Diese Viren-Programme sind von Programmierern ausgedacht und losgeschickt worden, um andere Leute zu ärgern. Aber zum Glück gibt es Programme, die solche Viren suchen und zerstören.

Pixel, Pixel, Pixel

Wenn du etwas schreibst oder malst, fährst du mit dem Stift über das Papier. Du ziehst Linien und Bögen, kein Problem!
Wenn aber auf dem Bildschirm des Computers ein Buchstabe erscheint, so ist er nicht mit Linien gezogen, sondern aus vielen kleinen Punkten zusammengesetzt. Man könnte auch sagen: zusammengepixelt, denn diese Leuchtpunkte heißen Pixel. Von ihnen gibt es ungefähr eine halbe Million auf einem Monitor. Sie sind wie Rechenkästchen schön gerade neben- und untereinander angeordnet. Wenn der Computer nun also eine Linie darstellen soll, lässt er die Pixel einer ganzen Reihe aufleuchten.

Erinnerst du dich noch an den Binärcode? Strom an, Strom aus?
Ganz ähnlich zeigt der Computer auf dem Bildschirm Pixelbilder an: Er rechnet sich aus, welche Leuchtpunkte für einen bestimmten Buchstaben oder eine Form an und welche aus sein müssen. Und beim Drucker ist es genauso – Farbpunkt ja oder Farbpunkt nein.

Ungefähr so sehen Pixelbilder aus, wenn man sie sich vergrößert ansieht. Bei den winzigen Pixeln sind dann keine Ecken mehr zu erkennen.

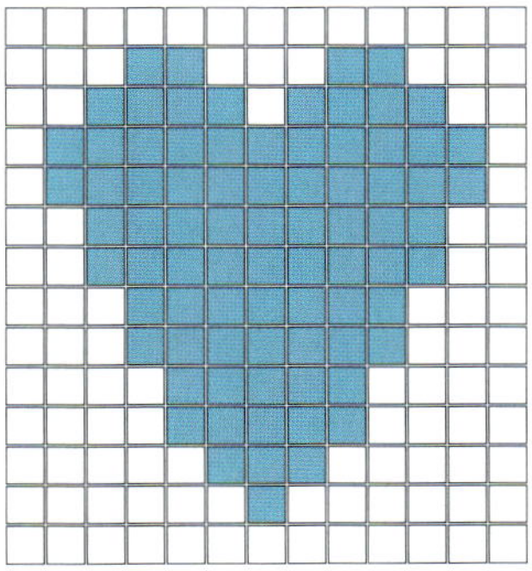

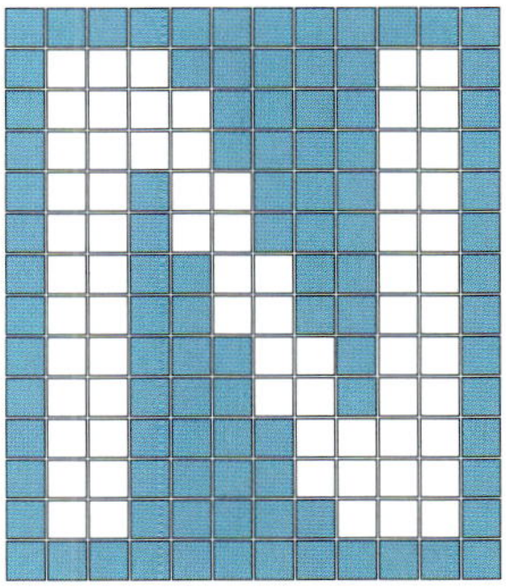

- Auf einem karierten Papier kannst du leicht eigene Pixelbilder herstellen.

Überall Computer

Überall und jeden Tag begegnen uns Computer – große, kleine, manchmal sogar nur einzelne, winzige Computer-Chips. Oft stecken sie in Dingen, in denen wir sie gar nicht vermuten würden.

- Finde noch weitere Beispiele.

Zwei Computer oder mehr

Stell dir vor:

In einem großen Bürohaus arbeiten viele Menschen in ihren Räumen, jeder an seinem Computer. Mit diesen Computern werden jeden Tag viele Briefe und Rechnungen geschrieben, Zeichnungen erstellt ...

Nun braucht jemand eine Zeichnung, die bei jemand anderem auf der Festplatte des Computers gespeichert ist. Er könnte dazu mit einer Diskette zu seinem Kollegen gehen, sie in dessen Computer schieben, die Zeichnung auf der Diskette speichern, die Diskette wieder mit zurück an seinen Computer nehmen und dann alles auf seine Festplatte überspielen. Das geht gut. Aber es geht auch viel schneller!

Irgendwann einmal sind Leute, denen es so zu umständlich war, auf die Idee gekommen, ihre Computer mit Kabeln zu einem Netzwerk zu verbinden. Von da ab konnte man Daten direkt von Computer zu Computer überspielen.

Das größte Netzwerk ist die Verbindung von Millionen Computern überall auf der Welt: das Internet (internationales Netzwerk)!
Eine Menge Kabel – oder etwa nicht?
Nein! Beim Internet geht die Übertragung der Daten über das Telefonnetz.
Die Kabel für das Telefonieren liegen ja schon rund um die Welt und das bis in die Wohnungen der Menschen hinein. So können nicht nur große Firmen oder Schulen, sondern alle Menschen ihre Computer miteinander vernetzen und sich zum Beispiel elektronische Post schicken.

Was ist denn das im Internet?

Web Page *(sprich: Wep Peetsch = Internet-Seite)*
Jeder Mensch, jede Firma, jede Schule kann eigene Seiten mit Texten, Bildern oder Klängen ins Internet stellen. Die erste dieser Seiten wird auch Homepage (*sprich: Hompeetsch* = Heimatseite) genannt.

Provider *(sprich: Proweider)*
Das ist ein Anbieter von Verbindungsdiensten, bei dem ein großer Computer steht, der über viele Kabel an Telefonleitungen angeschlossen ist. Es gibt viele unterschiedliche Firmen, bei denen solche Computer stehen. Um mit dem eigenen Computer ins Internet gehen zu können, verbindet man seinen Computer mit dem Riesencomputer des Providers.

Online *(sprich: Onnlein)*
Wenn man sich mit seinem Computer über die Telefonleitung mit dem Provider und so auch mit dem Internet verbindet, ist man online. Stellt man diese Verbindung wieder aus, ist man offline.

Internet-Adresse
Jede Internet-Seite hat eine eigene Adresse, damit man sie im Internet finden kann. Eine Internet-Adresse sieht zum Beispiel so aus:

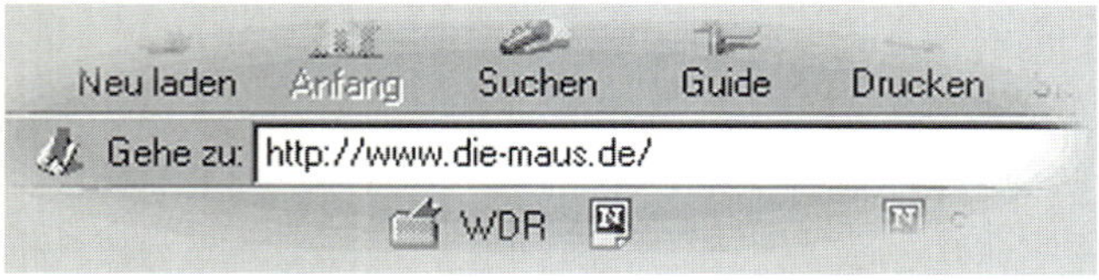

Tippt man diese Internet-Adresse ein, kommt man auf die Seiten der „Sendung mit der Maus".

Link
Links (= Verbindungen) sind Textstellen oder Bilder auf Internet-Seiten, die man anklicken kann, um auf andere Seiten zu springen.
Einen Link erkennt man daran, dass statt des Mauspfeils plötzlich eine kleine Hand an der Stelle auf dem Bildschirm erscheint, wenn man sich mit der Maus darauf bewegt.

Surfen *(sprich: ssörfen)*
Im Internet zu surfen bedeutet, dass man zu Hause an seinem Computer sitzt und sich im Internet über die Links von Internet-Seite zu Internet-Seite klickt.

E-Mail *(sprich: I-Meel = Elektronische Post)*
Für elektronische Post braucht man weder Papier noch Umschlag oder Briefmarke. Statt einer Anschrift gibt man eine spezielle E-Mail-Adresse ein, tippt den Brief in den Computer ein und sendet den Text dann direkt aus dem eigenen Computer durch das Internet an einen anderen Computer. Nur wenige Sekunden, höchstens ein paar Minuten dauert es, bis der Brief ankommt.
Per E-Mail kann man nicht nur Texte versenden, sondern zum Beispiel auch Bilder oder Töne.

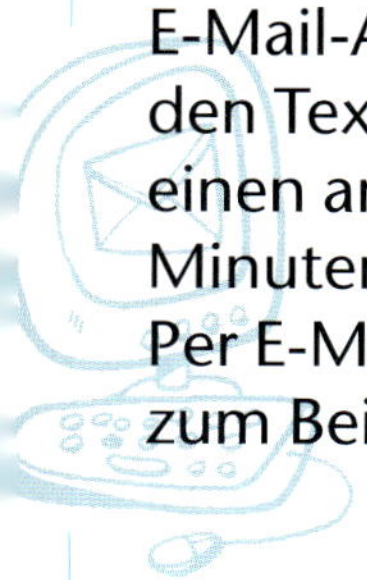

E-Mail-Adresse
In welcher Straße und welcher Stadt jemand wohnt ist für die E-Mail-Adresse nicht wichtig. Eine E-Mail-Adresse muss noch nicht einmal den genauen Namen enthalten. So könnte zum Beispiel ein Mädchen namens Anna-Marie Gutmnann folgende E-Mail-Adresse haben:

anna@brennholt.de.

- **„anna“** ist der Name der Empfängerin.
- **„@“** *(sprich: ätt)* heißt „bei“ dem Provider (dieses Zeichen wird oft auch Klammeraffe genannt, wahrscheinlich weil es so einen langen „Schwanz“ hat).
- **„brennholt“** ist der Name des Providers, der Anna-Maries elektronischen Briefkasten eingerichtet hat.
- **„.de“** bedeutet, dass der Internet-Computer in **De**utschland steht.

Der dumme Schlaumeier

Computer können unglaublich viel. Vieles können sie sogar besser und schneller als Menschen. Aber so ein Computer ist andererseits auch ganz schön „dumm“: Er kann nur das, was man ihm einprogrammiert hat. Von allein kann er gar nichts.

Wenn zum Beispiel ein Programmierer seinem Computer aus Spaß eingeben würde: „Ein Hund hat sechs Beine!“, dann würde dieser Computer das glauben.
Zeigt man dem Computer nun ein Bild einer Ameise, zählt er die Beine des Tieres und gibt dem Tier den Namen „Hund“. Und wenn man ihm wirklich einen Hund zeigt, sieht der Computer die vier Beine und stellt fest: „Kein Hund!“

Ein Computer kann unheimlich schnell sortieren, zum Beispiel Wörter, Zahlen oder Adressen in Listen ordnen. Allerdings muss man ihm vorher genau einprogrammieren, wie er sortieren soll.

zwei | hundert | dreizehn | fünf | zwanzig | elf | sechs | achtzehn | eins

Du weißt sicher ganz genau, welches Zahlwort für die kleinste, zweitkleinste und so weiter Zahl steht. Du könntest die Wörter in die für Zahlen richtige Reihenfolge bringen.
Wenn der Computer nicht richtig programmiert ist, könnte es sein, dass er so sortiert:

achtzehn | dreizehn | eins | elf | fünf | hundert | sechs | zwanzig | zwei

- Weißt du eine Erklärung dafür?

Hilfe S. 24

Was sagst du dazu?

Mein Computer ist mein liebstes Spielzeug. Ohne ihn kann ich gar nicht mehr leben.

Mit dem Rechen-Lernprogramm in meinem Computer bin ich echt schneller geworden.

Computer? Find ich blöd! Immer nur den Bildschirm anstarren ... Ich tobe lieber draußen herum. Und mit dem Computer geschriebene Briefe kann ich nicht ausstehen.

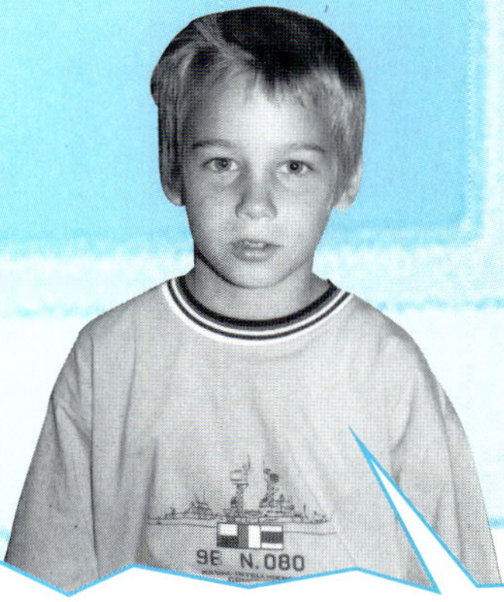

Ich darf nicht mehr als zwei Stunden jeden Tag am Computer sitzen.

Wenn ich mal einen Tag nicht mit dem Computer gearbeitet habe, ist der bestimmt traurig.

Lösungen

Seite 8: Das erste im Binärcode geschriebene Wort ist „A N N A“.
Der Name des gesuchten Erfinders ist „Z U S E“ (auf Seite 6 ist ein Foto seiner Erfindung).

Seite 22: Der Computer hat die Zahlwörter gar nicht als Zahlen erkannt, weil er so programmiert war, dass er sie nach dem ABC und nicht nach ihrer Zahlengröße sortiert hat. Er könnte sie erst dann nach der Zahlengröße ordnen, wenn man ihm mit einem Programm zeigt: „eins = 1“, „zwei = 2“ und so weiter.

Noch viel mehr Interessantes über Computer und alles, was damit zu tun hat, kann man im Computer-Museum in Paderborn anschauen und ausprobieren: Heinz Nixdorf MuseumsForum
Fürstenallee 7, 33102 Paderborn
Telefon: 0 52 51/30 66 00
im Internet: http://www.hnf.de

Differix-Klassenbibliothek
herausgegeben von der Cornelsen-Redaktion Primarstufe

Der Computer von Stefanie und Jens Brennholt

Fotos: S. 2 oben links, 4, 7, 8, 11, 14, 15 unten, 16, 23 und Umschlagfoto: Jens Brennholt, Paderborn. S. 2 oben rechts, 5 unten: Heinz Nixdorf MuseumsForum, Paderborn. S. 2 Mitte (Britta Frosina) und unten, S. 15 (Corel-Library): Cornelsen Verlag, Berlin. S. 5 oben und Mitte, 6, 9: Deutsches Museum, München.

Text: S. 3 „Denkste!“: Jens Brennholt, Paderborn.

Grafik: Dieter Braun, Hamburg.
Die Wiedergabe der Screenshots (S. 14, 15 unten) erfolgt mit Genehmigung der Microsoft Corporation.
Die Wiedergabe des Screenshots (S. 15 Mitte) erfolgt mit Genehmigung der FileMaker Corporation.

Vielen Dank an das Heinz Nixdorf MuseumsForum für die tatkräftige Unterstützung bei diesem Heft.

Lay-out und technische Umsetzung: Saskia Klemm

1. Auflage ✔ €   Druck 4 3 2 1   Jahr 03 02 01 2000

Druck: Saladruck, Berlin

ISBN 3-464-06386-0

Bestellnummer 63860

gedruckt auf säurefreiem Papier, umweltschonend hergestellt aus chlorfrei gebleichten Faserstoffen